ro
ro
ro

ro ro ro

Rutger Bregman ist Historiker und einer der prominentesten jungen Denker Europas. 2017 erschien sein Bestseller «Utopien für Realisten», 2020 folgte «Im Grunde gut», das bisher in 44 Sprachen übersetzt wurde.

Susanne Götze ist promovierte Historikerin, Journalistin und Autorin. Als Wissenschaftsredakteurin beim *Spiegel* schreibt sie über Klimakrise, Klimadiplomatie, Energiewende und was das alles für unser Zusammenleben bedeutet.

Ulrich Faure ist Übersetzer aus dem Niederländischen, langjähriger Online-Chefredakteur beim Branchenmagazin *BuchMarkt*, Publizist, Lektor und Herausgeber. Er lebt in Düsseldorf.

RUTGER BREGMAN
mit Susanne Götze

WENN DAS WASSER KOMMT

EIN ESSAY

Aus dem
Niederländischen
von Ulrich Faure

ROWOHLT TASCHENBUCH VERLAG

Die niederländische Originalausgabe erschien 2020 unter dem Titel «Het water komt» bei De Correspondent B. V., Amsterdam.

Deutsche Erstausgabe
Veröffentlicht im Rowohlt Taschenbuch Verlag,
Hamburg, November 2021

Covergestaltung zero-media.net, München
Coverabbildung FinePic®, München
Satz aus der Karmina
Gesamtherstellung CPI books GmbH, Leck, Germany
ISBN 978-3-499-00729-3

Wenn das Wasser kommt

Es gibt eine Geschichte, die erzählt werden muss, und sie muss jetzt erzählt werden. Es ist die Geschichte von Johan van Veen. Ingenieur. Vater des Deltaplans. Einer der bedeutendsten Niederländer aller Zeiten.

Und doch kennt ihn kaum jemand.

Ein kleines Denkmal wurde ihm nur in der Gemeinde Uithuizermeeden in Groningen errichtet. Eine graue Büste, die ihm kaum ähnlich sieht. Sie steht zwischen einem Parkplatz und einem Supermarkt (laut Johans Biograph «einer der hässlichsten Flecken der Niederlande»).

Er selbst nannte sich «Dr. Kassandra» nach der griechischen Königstochter, die zwar wusste, dass Troja fallen würde, der aber niemand Glauben schenkte. Johan van Veen war Beamter bei der Rijkswaterstaat, der obersten Straßen- und Wasserbaubehörde der Niederlande, und er prophezeite die Flutkatastrophe von 1953. Nicht ein Mal, sondern wiederholt, zwanzig Jahre lang. «Ja, so etwas kann in den Niederlanden passieren, denn die Menschen haben einfach keine Ahnung», hatte er 1952 einem Journalisten der Wochenzeitschrift *Elsevier* gesagt. Der Chefredakteur schmiss das Interview daraufhin aus dem Blatt. «Reine Panikmache», seiner Meinung nach.

Johans Geschichte ist die Geschichte der Niederlande. Die Geschichte eines kleinen Landes an der Nordsee, das eigentlich längst in den Fluten verschwunden sein müsste. Ein Land, in dem man sich nie zu weit aus dem Fenster lehnen sollte und in dem Unhöflichkeit zur Tugend erhoben wurde. Ein Land von Kleinkrämern, die klagen und quengeln, nörgeln und meckern, die immer nur «klappt nicht», «darf nicht» und «kann nicht» schreien, bis sie – vollkommen unerwartet – das Unmögliche vollbringen.

Aber dazu muss es erst zu einer Katastrophe kommen.

1

31. Januar 1953. Der Wetterbericht des Königlich-Niederländischen Meteorologischen Instituts (KNMI) in De Bilt sagt wenig Bemerkenswertes voraus: «Stark bewölkt mit Regen, kräftige, ab und zu stürmische, zwischen Südwest und Süd wechselnde Winde.»

Ein Wintertag wie jeder andere. Besser, man bleibt zu Hause. Überall in den Niederlanden rücken die Familien vor dem Ofen zusammen und beraten darüber, ob sie *De familie Doorsnee* (Die Familie Durchschnitt) von Annie M.G. Schmidt einschalten sollen, ein populäres Radiohörspiel. Gemütlich geht es am Abend auch im Honkoop zu, dem Dorfkrug von Nieuwerkerk aan den IJssel. Es wird gelacht, getrunken und getanzt – bis jemand in die Kneipe gestürmt kommt.

Das Wasser. Das Wasser steht zu hoch. Nieuwerkerk liegt hinter dem Schielands Hoge Zeedijk, einem Deich, der die Bewohner des Polders seit Jahrhunderten schützt. Der Polder liegt fast sieben Meter unter dem Meeresspiegel, und Nieuwerkerk liegt am tiefsten Punkt der Niederlande. Dahinter erstreckt sich ein dicht besiedeltes Gebiet – von Gouda bis Den Haag, von Rotterdam bis Leiden. Mehr als drei Millionen Menschen leben in dieser Region. Wenn der Deich nicht hält, säuft halb Holland ab.

Der Bürgermeister Jaap Vogelaar lässt die Glocken von Nieuwerkerk läuten. Er fordert die Gäste aus dem Honkoop auf, so viele Sandsäcke wie möglich heranzuschleppen. Er selbst läuft im Stockdunkeln den Fluss ab und ruft ihnen zu, wo der Deich verstärkt werden muss. Dutzende Männer packen mit an. Aber sie spüren, wie ihre Stiefel einsacken, und als sie sehen, wie das Wasser über die Krone schwappt, und ihnen klar wird, dass der Deich jeden Moment brechen kann, rennen viele davon.

Unterdessen steigt und steigt das Wasser. Es schüttet wie aus Eimern: Regen, Schnee und Hagel, und ein stürmischer Nordwestwind peitscht das Wasser auf. An manchen Stellen werden ganze Stücke des Binnendeichs weggespült. Und dann geschieht es. Um halb sechs am Morgen sieht der Hilfsmaschinist Kleijbeuker ein Stück Deich von nicht weniger als fünfzehn Metern brechen. Das Wasser rauscht donnernd über den Polder. In Richtung Randstad, das Umland der Städte Amsterdam, Haarlem, Leiden, Den Haag, Delft, Rotterdam, Dordrecht, Gouda, Utrecht, Hilversum und Almere mit insgesamt acht Millionen Einwohnern.[1]

*

Zu diesem Zeitpunkt steht Kapitän Arie Evegroen an Bord seines Lastkahns *Twee Gebroeders* (Zwei Brüder).

Er hat am Abend in Nieuwerkerk festgemacht, in der Hoffnung, dass sein Schiff dort sicher ist. Plötzlich taucht der Bürgermeister auf. Durch das Getöse des Sturms schreit er, Evegroen solle sein achtzehn Meter langes Schiff zum Deich steuern, um das Loch abzudichten.

Evegroen weigert sich. Er steht Todesängste aus. Soll er vielleicht mit dem Schiff und allem Drum und Dran in den Polder hinabstürzen, der Meter tiefer liegt? Erst als der Bürgermeister das Schiff «im Namen der Königin» einfordert, lenkt der Kapitän ein.

Es ist ein aussichtsloser Plan.

«Der Versuch, einen geborstenen Deich mit einem Boot zu schließen, ist ein Kunststück, das in 99 von 100 Fällen scheitern dürfte», wird der Ingenieur der Wasserbehörde Schieland später kommentieren. Aber für Zweifel bleibt keine Zeit. Evegroen fährt den aufgewühlten Fluss hinauf und setzt sein Schiff mit dem Bug schräg auf den Deich. Dann beginnt er mit rotierenden Schiffsschrauben, in die Lücke zu manövrieren. Wie ein Schleusentor schwenkt sein Schiff ein und saugt sich – durch die enorme Strömung – im Deich fest. Es ist, als wäre die *Twee Gebroeders* wie gemacht für diese Aktion. Sie hätte keinen Meter kürzer sein dürfen.

Der Schiffsführer selbst kann es kaum fassen: Das Loch im Deich ist abgedichtet. So geht Arie Evegroen als «Retter von Holland» in die Geschichte ein. Er selbst wollte von diesem Ehrentitel nichts wissen. «Mein Kahn war in der Nähe», sagt er später, «es war sonst niemand da, der es hätte machen können.»[2]

*

In der Nacht des 1. Februar 1953 brachen in den Niederlanden an mehr als fünfhundert Stellen die Deiche. Ein Gebiet von 129 000 Hektar wurde überflutet, darunter fast ganz Zeeland. Tausende Häuser und Bauernhöfe wurden zerstört, 100 000 Menschen flohen, und 1836 Niederländer verloren ihr Leben.[3]

Aber es hätte noch viel schlimmer kommen können.

An diesem ersten Februartag war die Springflut niedrig, waren die Windgeschwindigkeiten nicht außergewöhnlich hoch, und Rhein und Maas führten relativ wenig Wasser. «Zu dieser Jahreszeit hätte der Pegel eigentlich einen Meter höher sein müssen», sagte der *Elsevier*-Journalist, dessen Interview mit Johan van Veen 1952 gecancelt worden war. «Wäre das der Fall gewesen, wäre alles abgesoffen.»[4] Stattdessen hatten die Flüsse einen Großteil des Meerwassers aufgefangen.

Unmittelbar nach der Katastrophe ließ Johan, der Leiter des wissenschaftlichen Dienstes der Rijkswaterstaat, untersuchen, was geschehen wäre, hätte Kapitän

Arie Evegroen es nicht geschafft. Die Antwort: Das Loch im Deich wäre weiter aufgerissen. Niemand hätte diese Bresche noch abdichten können. Nach einer Woche wäre ein großer Teil von Südholland, der am tiefsten gelegene Teil der Niederlande, überflutet gewesen. Nach 26 Tagen hätte das Wasser die Außenbezirke von Amsterdam erreicht.[5]

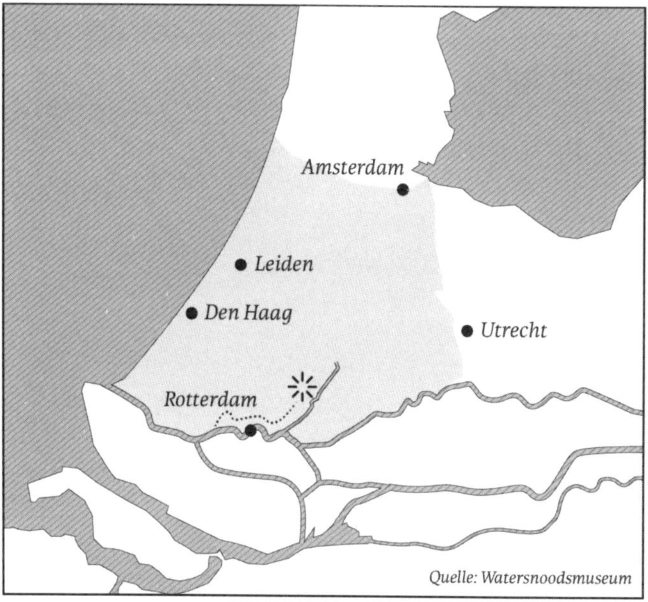

…… *Schielands Hoge Zeedijk*

Deichbruch bei Nieuwerkerk aan den IJssel

Gebiet, das überflutet worden wäre

«Die Flut, die Flut! Ich kann an nichts anderes mehr denken oder etwas anderes tun», schrieb Johan ein paar Wochen nach der Katastrophe an einen britischen Freund. «Ich weiß, wie nahe ganz Holland am Rande des Untergangs stand. Nicht ein Kamel, sondern eine ganze Elefantenherde ist durch ein Nadelöhr gegangen. Es ist wirklich kaum zu glauben, dass die Mitte des Landes überhaupt noch existiert.»[6]

2

Klimawandel ist ein Thema, das oft abstrakt bleibt. Eine Erde, die im Jahr 2100 vier Grad wärmer sein könnte, ist das schlimm? Es klingt nicht so, als wäre es schlimm. Ein drei Meter höherer Meeresspiegel, ist das viel? Es klingt nicht danach, als wäre es viel.

Lassen Sie mich die Bedrohung also etwas deutlicher formulieren.

Der Fortbestand der Niederlande und vieler Küstenregionen an der Nordsee steht auf dem Spiel.

Es ist durchaus möglich, dass sich unsere Kinder von Städten wie Den Haag und Delft, Rotterdam und Amsterdam, Leiden und Haarlem verabschieden müssen. Auch Hamburg und Bremen sind keinesfalls so sicher, wie in Deutschland gerne angenommen wird. Ein jahrhundertealtes Erbe, Kultur und Geschichte würden verlorengehen. Das sage nicht ich, das sagen die Wissenschaftler, die in die Fußstapfen des Ingenieurs Johan van Veen treten. Wer die Arbeit dieser Experten studiert, muss nicht lange nach einem Dr. Kassandra Ausschau halten. Es gibt eine ganze Heerschar Kassandras.

Für diese Geschichte habe ich sieben niederländische Wissenschaftler interviewt, und Susanne hat für die deutsche Fassung mit drei weiteren aus Deutschland gesprochen, Meeresspiegel-Experten, Ökologen und Technikhistoriker.[7] Ich war erstaunt, wie unumwunden sie alle über Szenarien sprechen, denen zufolge nicht nur die Niederlande gezwungen sein werden, Teile des Landes aufzugeben.

Es ist erschreckend, wie sehr die Geschichten über Flutkatastrophen einander gleichen. Nur neun Jahre nach der Hollandflut kam es auch in Deutschland zur Katastrophe. Die Sturmflut von 1962 erwischte Hamburg und Teile Norddeutschlands ebenso kalt wie die Niederlande, auch dort starben Hunderte Menschen, Tausende Häuser wurden unbewohnbar.

Hatten die deutschen Ingenieure nicht auf ihre «Kassandras» gehört? Hatten sie aus dem Desaster in Holland nicht gelernt? Die Technik-Historiker Martina Heßler und Christian Kehrt bescheinigen beiden – Deutschen und Niederländern – eine «Katastrophenvergessenheit», ein «Nicht-sehen-Wollen», Unwissen und blindes Vertrauen. Diese Eigenschaften hätten auch die Menschen im 21. Jahrhundert nicht einfach abgelegt. Im Gegenteil. Politiker und Bürger haben heute ebenso wie vor den Sturmfluten 1953 und 1962 eine fast naive Technikgläubigkeit und ein Grundvertrauen darin, dass es schon nicht so schlimm kommen wird. Ein fataler Sicherheitsglaube, der nicht nur Fakten ignoriert, sondern fahrlässig mit den Schicksalen künftiger Generationen spielt.

«Gehen wir davon aus, Sie bekämen jetzt Kinder», sagt Maarten Kleinhans, Professor für Physische Geographie an der Universität Utrecht, «dann sprechen wir von Menschen, die möglicherweise ihr Land verlieren werden. Die bald keine Niederländer mehr sein werden, weil es keine Niederlande mehr geben wird. Darum geht es.»

Der Geograph Kim Cohen, ein Kollege von Kleinhans, befürchtet dasselbe. «Ich schätze, einen Anstieg des Meeresspiegels um zwei Meter können wir in den Niederlanden noch verkraften. Aber wenn es drei, vier oder fünf Meter werden, dann weiß ich nicht. Die Maßnahmen, die wir dann ergreifen müssten, wären drakonisch. Ich fürchte, dass wir an diesem Punkt anfangen müssten, Städte aufzugeben.»

Lange Zeit wurde für das Jahr 2100 ein Meeresspiegelanstieg von bis zu 85 Zentimetern angenommen.[8] Aber in den letzten Jahren fallen die Prognosen deutlich höher aus. Noch vor zehn Jahren rechnete das KNMI in Dezimetern, jetzt ist von Metern die Rede. Wenn die Welt die Treibhausgasemissionen nicht schnell genug reduziert, müssen wir – im schlimmsten Fall – bis 2100 von einem fast drei Meter höheren Meeresspiegel ausgehen. Ein Jahrhundert später könnten es fünf bis acht Meter sein.[9]

Auch der Weltklimarat hat seine Prognosen in den vergangenen Jahren immer nur nach oben korrigiert –

zuletzt im Sonderbericht zu Ozeanen und Kryosphäre von 2019.[10]

Für Deutschland rechnet der Ökologe Michael Kleyer aus dem nahe der Nordsee gelegenen Oldenburg damit, dass die Deiche spätestens 2070 unter «enormem Druck» stehen könnten. «Wir brauchen dringend einen nationalen Aktionsplan für die nächsten 100 Jahre.»

«Ich finde das sehr erschreckend», sagt der Niederländer Forscher Maarten Kleinhans. «Wirklich unheimlich. Ohne mich mit van Veen messen zu wollen, fühle ich mich in die Rolle als Dr. Kassandra gedrängt. Ich stelle bei vielen Kollegen, die vom Fach sind, wie zum Beispiel bei den Polkappenforschern, eine gewisse Resignation fest. Wir Wissenschaftler sagen seit Jahren voraus, was auf uns zukommen wird, aber die Welt will noch immer nichts davon hören.»

Einer dieser Polkappenforscher ist Michiel van den Broeke, Professor für polare Meteorologie an der Universität Utrecht. Als ich ihm gegenüber die Worte von Kleinhans wiederhole, wird es am anderen Ende der Leitung still. «Sehen Sie», beginnt er, «Maarten ist ein phantastischer Kollege. Aber er ist auch sehr geradeheraus. Ich habe für mich entschieden, nicht in den Chor der Leute mit einzustimmen, die sagen: Wir werden nicht gehört, es passiert nichts. Man muss die Rolle der Wissenschaft von der der politischen Entscheidungsträger trennen.»

Im Juni 2018 war van den Broeke Co-Autor eines bahnbrechenden Artikels in der Zeitschrift *Nature*, der zeigte, dass das Eis am Südpol viel schneller schmilzt als bisher angenommen. Im vergangenen Jahrzehnt sogar dreimal so schnell wie zuvor.[11] Allein zwischen 2006 und 2015 gingen dem antarktischen Eispanzer laut Weltklimarat etwa 155 Gigatonnen pro Jahr verloren – das entspricht rund dem dreifachen Wasservolumen des Bodensees.[12] Jüngste Studien zeigten, dass ein Drittel des antarktischen Schelfeises dauerhaft schmelzen wird, wenn die Welt sich um vier Grad erwärmt.[13]

Das sind schlechte Nachrichten – nicht nur für die Küstenregionen der Nordsee. Das Abschmelzen von Landeis bedeutet ohnehin einen höheren Meeresspiegel, und wärmeres Wasser dehnt sich obendrein aus. Hinzu kommt: Die hiesigen Küsten sind äußerst anfällig für die Eisschmelze am Südpol.

Und das kommt so: Der Gravitationseffekt der kilometerdicken Eiskappe zieht gigantische Wassermengen an. Diese Anziehungskraft ist so groß, dass sich das Wasser wie ein riesiger Wasserberg schräg am Eis aufrichtet. Schmilzt die Eiskappe, lässt die Anziehungskraft nach; das Wasser am Südpol sackt nach unten, und das Meer auf der Nordseite der Welt steigt wie auf einer Wippe an.

Hier bei uns also – an den Küsten Europas.

Van den Broeke betont, dass die Unwägbarkeiten in den wissenschaftlichen Modellen groß sind, insbesondere wenn es um die Geschwindigkeit des künftigen Meeresspiegelanstiegs geht. Aber auch die Risiken sind hoch. Roderik van de Wal, Professor für *Sea Level Change and Coastal Impacts* an der Universität Utrecht, macht sich am meisten über die «*tipping points*» Sorgen – jene Momente, wenn die Gletscher am Südpol so instabil werden, dass es kein Halten mehr gibt, ganz gleich, was wir dann auch tun mögen. «Wir wissen nicht genau, wo diese Punkte liegen, aber sie könnten in den nächsten zwanzig Jahren erreicht werden.»

Wenn wir einen solchen Wendepunkt überschreiten, wird der Meeresspiegel um Meter ansteigen. So viel ist sicher. Der Geograph Kim Cohen hat eine Karte gezeichnet, die zeigt, wie die Niederlande im Jahr 2300 aussehen werden, sollten wir den Kampf gegen das Wasser verlieren.[14]

Als ich diese Karte zum ersten Mal sah, musste ich an die Worte von Johan van Veen denken: «Eines Tages werden wir dieses Land mit einem Stoßseufzer der Erleichterung den Fluten preisgeben.»

Überflutetes Gebiet — Niederländische Grenze

Wie die Niederlande im Jahr 2300 aussehen werden, sollten wir den Kampf gegen das Wasser verlieren.

3

Der Mann, der sich selbst Dr. Kassandra nannte, war immer ein Einzelgänger.

Als Student in Delft lehnte es Johan ab, Mitglied einer Studentenverbindung zu werden. Er hatte nur wenige Freunde und lief in ungebügelten Hemden und ausgefransten Jacketts herum. Bei seinem Arbeitgeber betrat er einmal so zerstreut das Büro, dass ein Kollege ausrief: «Herr van Veen, Sie haben ja nicht mal Socken an!»[15]

Am liebsten war Johan ganz für sich alleine, immer am Wasser, um seinen Untersuchungen nachzugehen. «Suchen und messen» lautete seine Devise. Für seine Dissertation war er die gesamte englische Küste bei Kent abgelaufen und hatte mit fünfzig Anwohnern gesprochen («Hafenmeister, Fischer, Leuchtturmwärter, Greise»). So hatte er herausgefunden, dass der Leuchtturm auf der South Foreland gut zehn Meter näher am Kliff stand als noch 1793.[16]

Als Leiter des wissenschaftlichen Dienstes bei der Rijkswaterstaat arbeitet Johan unermüdlich. Abends. Nachts. An den Wochenenden. Was aber nicht heißen soll, dass seine Vorgesetzten deshalb glücklich mit ihm waren. Der spröde Groninger hatte – um es milde auszudrücken – ein Problem mit Autoritäten. Während der deutschen Besatzungszeit machte sich Johan oft einen Spaß daraus, in seinem Kajütboot, das patriotisch knallorangefarbene Vorhänge hatte, vor der Nase der deutschen Truppen auf und ab zu fahren. Zur Mittagszeit breitete er mit großem Hallo sein ebenfalls orangefarbenes Geschirr an Deck aus.[17]

Über diplomatisches Geschick verfügte Johan erst recht nicht. Er brachte keine Geduld für Menschen auf, die dümmer als er waren, und davon gab es eine ganze Menge. Bei einem Kongress brüllte er einmal seinen Chef, den Generaldirektor der Rijkswaterstaat, an: «Mijnheer, Sie verstehen so allumfassend gar nichts, dass es mir unmöglich ist, Ihnen eine Antwort zu geben.»[18] Im Juni 1946 überreichte Johan diesem Direktor einen dickleibigen Bericht über den schlechten Zustand der zeeländischen Deiche. Der gute Mann nahm das Konvolut schweigend entgegen, ging zum Bücherschrank, stellte es hinein, schloss den Schrank ab und gab Johan zu verstehen, dass er wegtreten dürfe.[19]

(Im Januar 1948 erwähnte Johan den Vorfall gegenüber seinem Hausarzt. «Ich wollte ihn darum bitten, dem Generaldirektor der Rijkswaterstaat ein bisschen Gift zu verabreichen», notierte er später in seinem Tagebuch, «denn das hätte mir am meisten geholfen.»[20])

Im Ausland dagegen nahm Johans Bekanntheitsgrad beständig zu. Seine Untersuchungen wurden überall gelesen, und Wasserbauingenieure aus der ganzen Welt kamen nach Den Haag, um seinen Rat einzuholen. Nur im eigenen Land hatte Johan wenige Fans. Er war als Panikmacher verschrien. So schrieb der Minister für Verkehr und Wasserwirtschaft als Antwort auf eine parlamentarische Anfrage: «Niemand muss sich darum sorgen [...], eines Tages aufzuwachen und festzustellen, dass der Wasserspiegel über den Deich gestiegen ist.»

Tatsächlich aber spitzte sich die Lage zu. Während des Zweiten Weltkriegs waren die ohnehin schon maroden Deiche durch die Bombardements der Alliierten beschädigt worden. Hier und da gab es Ausbesserungsarbeiten, aber der Wasserwirtschaftsbereich gliederte sich in über 263 Behörden auf. Viele Wasserverbände hatten zu wenige Mittel, und es herrschte eine Bürokratie zum Wahnsinnigwerden. Johan verfasste einen Spottvers auf diesen Amtsschimmel:

> *Herr, mach, dass wir an diesem Tag weder zu einer Entscheidung kommen, noch dass uns irgendwelche Verantwortung zuteilwerde, sondern dass wir ganz allein durch all unser Tun und Lassen so geleitet werden, dass völlig neue und vollkommen unnütze Behörden geschaffen werden.*[21]

Unermüdlich warnte Dr. Kassandra, dass strengere Maßnahmen ergriffen werden müssten, um die Niederlande vor der nächsten Sturmflut zu schützen. Ein Sturm, der mit Sicherheit kommen würde – die Frage war nur, wann.

In jenen Jahren schmiedete Johan sogar einen ehrgeizigen Plan zur Schließung von Flussmündungen mit riesigen Dämmen, wie sie die Welt noch nicht gesehen hatte. Das Ergebnis, ein wahrhaftiger Deltaplan, lag am 29. Januar 1953 auf dem Schreibtisch von Jacob Algera, dem Minister für Verkehr und Wasserwirtschaft.

48 Stunden später brachen die Deiche.

4

Wie konnte es sein, dass Johan etwas sah, wofür andere blind waren?

Eines hat dabei zweifellos eine Rolle gespielt: seine Kenntnis der Geschichte. Der Ingenieur wusste, dass die Niederlande bereits von unzähligen Überschwemmungen heimgesucht worden waren. Durchschnittlich sechzehn pro Jahrhundert.[22] So überschwemmte das Wasser bereits 1170 die Dünen bei Den Helder, wobei Texel vom Festland abgerissen wurde. Während der Allerheiligenflut im Jahr 1570 kamen mindestens 20000 Menschen ums Leben, und die Hälfte von Egmond aan Zee wurde weggespült. Auch die anderen Küstenländer hatten zu kämpfen. Bis ins Alte Land bei Hamburg stand das Wasser. Ostfriesland und die vorgelagerten Inseln waren betroffen. Aber die tiefliegenden Niederlande traf es ungleich härter. Nach der Hochwasserkatastrophe von 1808 fragte sich König Louis Napoleon, ob es nicht überhaupt zu kostspielig wäre, die Provinz Zeeland zu unterhalten.[23]

Über diese Geschichte, den ewigen Kampf gegen das Wasser, wusste Johan bestens Bescheid. Es ist kein Zufall, dass die ältesten politischen Organe der Niederlande die Wasserverbände sind, der älteste politische Posten der des Deichgrafen ist. Im 15. Jahrhundert erfanden die Niederländer Schöpfwerke, um das Wasser abzupumpen. Im 18. Jahrhundert wurde ein Komplex mit zwanzig Windmühlen, die 50 000 Liter Wasser pro Minute abpumpen können, bei Kinderdijk errichtet.[24] Im Laufe der Zeit legten die Niederländer nicht weniger als 4000 Polder trocken, weshalb heute ein Viertel des Landes unter dem Meeresspiegel liegt. Und nach der Sturmflut von 1916 bauten sie den Abschlussdeich, der seither die nördlichen Niederlande schützt.

Aber die Menschen sind vergesslich, und das war auch Johan bewusst.

Je länger das Meer sich ruhig verhielt, desto lauter ertönten die alten Einwände: Klappt nicht. Darf nicht. Geht nicht. «Das Problem der Niederländer ist, [...] dass sie ihrer eigenen Geschichte nicht mehr trauen», schrieb Johan.

*

Nach dem 1. Februar 1953 änderte sich alles.

In den Monaten nach der Katastrophe wurden die Lücken in den Deichen in Windeseile geschlossen. Als am 6. November der letzte Deich bei Ouwerkerk auf der Insel Schouwen-Duiveland wiederhergestellt war, wurde in den gesamten Niederlanden geflaggt. Das Zusammengehörigkeitsgefühl war enorm. Nach Sündenböcken hielten nur wenige Ausschau (viele

Niederländer gingen davon aus, dass die Katastrophe Gottes Wille gewesen war). Aber die Erkenntnis, dass dieser eine Ingenieur van Veen recht behalten hatte, verbreitete sich trotzdem. Die Leute tuschelten hinter seinem Rücken: «Habt ihr gewusst, dass er Dr. Kassandra genannt wird?»[25]

Plötzlich wollte das ganze Land alles über den größenwahnsinnigen Plan wissen, den Johan dem Minister nur zwei Tage vor der Katastrophe unterbreitet hatte. Plötzlich verstummte auch das «Geht nicht», «Darf nicht» und «Kann nicht», und die Niederlande starteten das größte Infrastrukturprojekt ihrer Geschichte.

Als das Gesetz über die Deltawerke am 5. November 1957 von der Zweiten Kammer verabschiedet wurde, hatte der Bau längst begonnen. Die internationale Presse zeigte sich von der niederländischen Entschlossenheit überrascht. «Was diese geisteskranken Ingenieure jetzt vorschlagen», schrieb die *Saturday Evening Post*, «ist eine Maginot-Linie aus drei neuen Dämmen [...]. Das Konzept macht schon seit einiger Zeit die Runde. Aber, wie ein Niederländer sagte: ‹Wir brauchten erst eine Lektion, um zu vergessen, dass es eigentlich unmöglich war.›»

Und die Überschrift des Artikels? *«The Dutch Strike Back Against the Sea.»*

Für die Kosten der Deltawerke wurden 3,3 Milliarden Gulden veranschlagt, was 20 Prozent des Bruttoinlandsprodukts (BIP) von 1958 entsprach (umgerechnet wären es heute 140 Milliarden Euro). In Wirklichkeit waren die Ausgaben wesentlich höher.[26] Denn in den 1960er Jahren formierte sich Widerstand gegen das Eindeichen der Oosterschelde. Umweltschützer bangten um die Fische und die Fischer um ihre Arbeitsplätze. Zuletzt setzten sich alle Seiten zusammen, um einen Konsens zum Wohle der Allgemeinheit zu erzielen – nach einem Entscheidungsmodell und einer stolzen niederländischen Problemlösungstradition, die treffend als «poldern» bekannt ist. Das Oosterschelde-Sperrwerk wurde mit riesigen Schleusentoren ausgestattet, die sich nur bei Bedarf schließen: eine beispiellose (und extrem teure) Konstruktion.[27]

Galten die Niederlande noch Ende der 1950er Jahre als langweiliges und altmodisches Land, so hatten sich die Zeiten inzwischen geändert. «*The Dutch have stopped being dull*», schrieb 1967 ein britischer Journalist über das Land der Fußballlegende Johan Cruyff, der anarchistischen Provo-Bewegung und der monumentalen Deltawerke.[28] Johan van Veen wurde zum «Herr der Fluten» ernannt, und amerikanische Ingenieure erhoben die Deltawerke zu einem der sieben modernen Weltwunder.

*

Im eigenen Land jedoch hielt sich Johans Popularität nach wie vor in Grenzen. Niederländer mögen keine Helden. Nur wenige Dinge finden sie so verdächtig wie Erfolg, und wenn man schon Erfolg haben muss, dann sollte man das bitte schön für sich behalten.[29]

Johan jedenfalls kam das sehr entgegen. Er mochte keine überschwänglichen Komplimente. Er misstraute den ausländischen Journalisten, die in seinen Augen keinen Sinn für die Geschichte des Landes hatten.

Es ist kein Zufall, dass auch die Deltawerke diese niederländische Nüchternheit ausstrahlen. Die Schaltzentralen sind grau und funktional. Amerikaner hätten pompöse Denkmäler errichtet, Franzosen feierliche Parolen draufgemalt. Aber die Niederländer? Die beließen es bei Wasser, Wind und Beton.

Und prompt vergaßen sie ihr Weltwunder.

Heute zeigen sich vor allem Touristen beeindruckt vom Oosterschelde-Sturmflutwehr mit seinen fünfundsechzig kirchturmgroßen Pfeilern, wie auch vom Maeslant-Sperrwerk mit den beiden beweglichen Eiffeltürmen und den größten Kugelgelenken der Welt. Die Niederländer interessiert das weniger. Die Hinweisschilder in der Nähe des Haringvlietdamms sind verwittert, die Buchstaben längst abgeblättert. Auf Neeltje Jans, der künstlichen Insel, die das Oosterschelde-Sperrwerk stützt, befindet sich ein Vergnügungspark, der an einen spanischen Multi verkauft wurde.

Auch Johan van Veen, der Vater des Deltaplans, ist nahezu vergessen. Es gibt keinen Damm, keine Brücke und keinen Deich, der nach ihm benannt wurde. Der Schrank mit Johans Aufzeichnungen staubte jahrelang im Amt für Wasserwirtschaft vor sich hin und ist inzwischen entsorgt worden. «Dieser Schrank enthielt die Vorgeschichte der Deltawerke», sagt der Historiker Willem van der Ham, der eine beeindruckende Biographie über Johan van Veen geschrieben hat. «Das war ein nationales Erbe, aber jetzt ist es weg.»

5

Der Hang zum Vergessen ist für viele Gesellschaften charakteristisch – und führt deshalb immer wieder zu Katastrophen, bestätigen auch die deutschen Forscher, mit denen Susanne sprechen konnte. Das ist leider kein Alleinstellungsmerkmal der Niederlande.

«Etwas verallgemeinert lässt sich die prägnante Diagnose des Mittelalterhistorikers Arno Borst einer ‹Katastrophenblindheit› moderner Gesellschaften ohne weiteres auch auf die heutige Zeit übertragen», sagt die Technikhistorikerin Martina Heßler. Sie hat zusammen mit dem Historiker Christian Kehrt ein Buch über die Sturmflut in Hamburg von 1962 geschrieben. Darin geht es nicht um die menschlichen Tragödien – fast 350 Menschen starben –, sondern um die technischen Versäumnisse, die eine Sturmflut erst zu einer Katastrophe machen. Heßler hält die Hamburger Flut deshalb für ein «Schlüsselereignis in der Geschichte der Bundesrepublik».

Es ist die Geschichte von fahrlässigem Leichtsinn und vergebenen Chancen. Neun Jahre waren seit der Hollandsturmflut von 1953 vergangen, die in den Niederlanden zum Umdenken führte. Neun Jahre, in denen die Deutschen von dem Trauma ihrer Nachbarn hätten lernen können.

Doch die Hollandsturmflut war für die deutschen Behörden nicht mehr als ein Warnsignal. Es gab 1953 an der deutschen Küste keine Toten zu beklagen und nur wenige Schäden. Während das Wasser in den Niederlanden bis zu fünf Meter über Normalnull stand, gab es in Hamburg nur geringfügige Überschwemmungen und schlechtes Wetter.

Doch das Glück im Unglück führte dazu, dass die deutschen Behörden dieses Warnsignal nicht ernst genug nahmen. Sie begingen denselben Fehler wie zuvor ihre Nachbarn: Beschwichtigung und das Gefühl, noch einmal mit einem blauen Auge davongekommen zu sein. Die Deiche an der Nordseeküste wurden nicht ausreichend verstärkt. Zwar wurden einige Bauten getätigt, wie die Kennedybrücke mit dem darunter befindlichen Sturmflutsperrwerk in Bremerhaven (1961), und einige Warften auf den deutschen Halligen erhöht (1960), aber die Anstrengungen waren nicht ehrgeizig genug – Kann nicht. Darf nicht. Geht nicht.

Die Bevölkerung, die unter zwei Weltkriegen gelitten hatte, aber lange Zeit nicht mehr unter einer Naturkatastrophe, war deshalb auf die Katastrophe von 1962 ebenso wenig vorbereitet wie die Holländer, meint Historikerin Heßler. «Niemand hatte damit gerechnet. Die damalige Bundesrepublik war, das kann man mit Blick auf ihren Umgang mit der Flut und ihren Risiken sagen, natur- und katastrophenvergessen.»

Diese Nachlässigkeit kam die Deutschen teuer zu stehen: «Die Flut war salzig, eklig, braun. Sie ertränkte einige hundert Quadratkilometer von Deutschland und über 300 Menschen. Es war, wie Moses im Alten Testament beschrieb: ‹Da ging alles Fleisch unter, das auf Erden kriecht [...] Also ward vertilgt alles, was auf dem Erdboden war, vom Menschen an bis auf das Vieh und auf das Gewürm›», so beschreibt es das Hamburger Wochenblatt *Der Spiegel* nach der Flut.[30]

Der ehemalige Bundeskanzler und damalige Polizeisenator Hamburgs, Helmut Schmidt, erklärte: «In der Nacht vom 16. zum 17. Februar 1962 hat Hamburg die höchste Sturmflut seit Menschengedenken erlebt. Tatsächlich hat das Hochwasser fast das gesamte Gebiet erreicht.»[31]

Die Berichte dieser Nacht klingen wie ein nicht enden wollender Albtraum: «17. Februar, 4:30 Uhr, Hamburg Moorburg: Vor unserem Funkwagen stand der Jeep von Oberleutnant H. quer auf der Fahrbahn. Etwa 20 Meter vor uns war plötzlich der Deich gebrochen. Ein reißender Fluss, der sehr schnell immer breiter wurde, begrub die Straße unter sich. Wenige Sekunden später brach ungefähr 30 Meter hinter uns der Deich ein zweites Mal, sodass wir uns plötzlich auf einer Insel befanden. Zur linken Hand stand ein Haus, davor befanden sich zwei Zapfsäulen. [...] Während

Oberleutnant H. versuchte, die Bewohner des Hauses aufzuwecken – sie hatten wohl noch geschlafen –, stieg das Wasser sehr schnell. Es drückte die Verglasung sein. [...] Wir flüchteten alle aufs Dach. [...]»[32]

So beschreibt ein Funker die Katastrophennacht im Erinnerungsband des Journalisten Alexander Schuller anlässlich des 50. Jahrestages der Sturmflut im Jahr 2012. In dem Band erinnern sich Bewohner und Hilfskräfte – alle wirken überrumpelt, ahnungslos und geschockt von der Wucht der Sturmflut.

Doch wie so oft bei Katastrophen trifft es nicht alle Menschen gleich: Ein Großteil der über 315 Todesopfer lebte in Hamburg-Wilhelmsburg, einem Stadtteil unterhalb des Meeresspiegels. «Der Stadtteil wies eine hohe Dichte an Aussiedlern und Arbeitern auf, die in Wilhelmsburg zum Teil noch als unmittelbare Folge der Kriegszeit in Schrebergartensiedlungen und Nissenhütten lebten.»

Es sei im Nachhinein nur «schwer erklärlich», warum die große Nordseesturmflut im Jahr 1953 nur unzureichende Schutzmaßnahmen in Deutschland zur Folge hatte und auch kein gesteigertes Katastrophenbewusstsein ausprägte, meint Historikerin Heßler. Während die Niederlande mit einem massiven Küstenschutzprogramm reagierten, handelte man etwa in Hamburg trotz besseren Wissens erst nach der Katastrophe von 1962.

Das Verdrängen von Gefahren, die in der Zukunft auftreten können, geschehe immer dann, wenn zwischen Katastrophe und Gegenwart ein angemessener Zeitraum verstrichen ist, meinen die beiden Historiker Heßler und Kehrt. Zwar sei die Sturmflut von 1962 fest im kollektiven Gedächtnis der Deutschen verankert. Auch könne man deren Geschichte 60 Jahre nach der Flut immer noch als eine erfolgreiche Wiederaufbaumaßnahme und Verbesserung des Deichbaus erzählen, doch mit der Zeit habe die Anspannung nachgelassen. «Das Risikobewusstsein in der Hamburger Bevölkerung ist auch heute nicht sehr ausgeprägt», meint Heßler. Und das gilt nicht nur für die Großstädter, auch in anderen Küstenregionen verblasst die Erinnerung – und damit die Vorsicht.

6

Unterdessen steigt und steigt der Meeresspiegel.

Selbst wenn alle Länder ihre Versprechen einhalten und es gelingen sollte, die Erderwärmung auf zwei Grad zu beschränken, laufen wir laut dem Königlich-Niederländischen Meteorologischen Institut auch dann noch Gefahr, dass der Meeresspiegel bis zum Jahr 2100 um zwei Meter steigt. Wenn sich die Erde stärker erwärmt (um vier Grad bis zum Jahr 2100), erreichen wir diese zwei Meter mit ziemlicher Sicherheit, und im Jahr 2200 wären wir dann bereits bei fünf bis acht Metern.[33] Auch in Deutschland warnen Forscher des GEOMAR Helmholtz-Zentrums für Ozeanforschung in Kiel vor einem steigenden Meeresspiegel – allerdings könne man mit den globalen Durchschnittswerten nicht sagen, wie stark das Wasser an den jeweiligen Küsten steigt.[34]

Um Ihnen eine Vorstellung zu geben: Die Deltawerke in den Niederlanden sind für einen Meeresspiegelanstieg von vierzig Zentimetern ausgelegt.

Kurz gesagt, die Herausforderung, vor der die Küstenländer an der Nordsee und insbesondere die Niederlande stehen, ist von beispiellosem Ausmaß. Fast siebzig Prozent der niederländischen Bevölkerung leben in überschwemmungsgefährdeten Gebieten, und dieser Anteil wird immer größer.[35] Die Randstad – in der mehr als acht Millionen Menschen leben – ist eine riesige Badewanne, die jedes Jahr weiter in den Boden sinkt, während das Wasser steigt.

Auch die deutsche Küste kann sich keinesfalls in Sicherheit wiegen. «Die Nordseeküste ist zwar derzeit gut gegen Sturmfluten geschützt», erzählt der Oldenburger Landschaftsökologe Kleyer. Anders sehe es aber bei einem Meeresspiegelanstieg aus. Spätestens bei einem Anstieg von anderthalb Metern führe das zu einem irreversiblen Problem an der Küste: «Der natürliche Abfluss von Regenwasser aus dem Inland ist ab dieser Höhe nicht mehr möglich.» Schon heute stehe das Wasser außerhalb des Deiches teilweise höher als im Binnenland – auch hier das Badewannen-Phänomen. Irgendwann könnte das dauerhaft so sein.

Bei Starkregen und einem hohen Wasserstand im Meer kann das Wasser aus dem tiefer gelegenen Festland nicht mehr natürlich abfließen, weil kein Gefälle zur See mehr vorhanden ist. Straßen und Ortschaften und landwirtschaftliche Flächen werden von Regenwasser überschwemmt. Um das zu verhindern, sorgen in Deutschland Pumpstationen entlang der Deiche – sogenannte Schöpfwerke – schon heute dafür, dass das Regenwasser aus dem Landesinnern ins Meer abläuft.[36] «Der Energieaufwand steigt, je höher das Meer steht», so Kleyer.

Wenn das Wasser am Deich permanent höher steht als im Landesinnern, sickere das Wasser schließlich unter dem Deich hindurch – je nach Ton- oder Sandanteil des Bodens mehr oder weniger schnell.

Hinzu kommt ein erhöhtes Sturmflutrisiko durch den Klimawandel. Kombiniert mit dem Anstieg des Wassers könnte das zu einem bedrohlichen Gefahrencocktail werden. «Es ist ähnlich wie 1953 in den Niederlanden oder 1962 in Deutschland: Natürlich gibt es unwahrscheinliche Konstellationen. Eine Springtide und einen Sturm in der Nordsee, der das Wasser in die Flüsse hineindrückt, und gleichzeitig noch Hochwasser von den Flüssen, das nicht abfließen kann – das ist alles nicht alltäglich. Aber wir wissen, dass diese Extremwetter durch den Klimawandel zunehmen. Wir können das ernst nehmen – oder wie bei den großen Fluten Mitte des Jahrhunderts hoffen, dass alles nicht so schlimm kommt.»

In den Niederlanden ist die Lage dramatischer: «Die Modelle gehen jetzt davon aus, dass es tatsächlich um 2050 richtig losgehen wird», sagt Marjolijn Haasnoot, Forscherin im Bereich Wasserwirtschaft. «Meine Kinder sind dann so alt wie ich jetzt. Das alles ist überhaupt nicht so weit entfernt, wie wir immer meinen.»

Alle Experten, mit denen ich gesprochen habe, sind der Ansicht, dass die Niederlande einen Anstieg von bis zu zwei Metern verkraften könnten, vorausgesetzt, wir ergreifen extreme Maßnahmen, gegen die das derzeitige Deltaprogramm wie ein Kinderspiel aussieht. Denn dann würden wir die größten Pumpstationen der Welt bauen und vierundzwanzig Stunden am Tag, sieben Tage in der Woche, das Wasser aus unseren tiefer gelegenen Flüssen in das höher gelegene Meer pumpen. Wir bräuchten dafür fünfundzwanzigmal so viel Sand, um die Küste zu verstärken. Schließlich würde eine Flotte von Baggerschiffen permanent in der Nordsee liegen, um unaufhörlich Sand auf die Küste zu spucken.

Und das wäre erst der Anfang. Wenn sich die Erde um mehr als zwei Grad erwärmt, wird der Meeresspiegel weiter ansteigen, und alle Nordseeanrainer werden noch größer denken müssen.[37] Schon Johan van Veen sinnierte über einen gigantischen Damm von Norwegen bis England. Heute ist die Rede von einer riesigen Küstenbefestigung von Nordfrankreich bis Dänemark.

Ob so etwas gelingen kann? Darüber gehen die Meinungen auseinander.

«Eher wachsen uns Kiemen», merkt der Geograph Maarten Kleinhans trocken an.[38] Der Utrechter Professor gehört zu den Kassandras, die davon ausgehen, dass es zu spät sein wird, wenn der Meeresspiegel erst einmal um mehr als zwei Meter angestiegen ist. «Nur an den technischen Hochschulen zum Beispiel in Delft finden Sie noch Leute, die es für möglich halten, dass wir es schaffen können. Die Art Leute, die an eine veränderbare Welt glauben.»

Also beschließe ich, einen von ihnen anzurufen.

Bas Jonkman ist einer der jüngsten Professoren an der Technischen Universität Delft. Das kommt nicht von ungefähr: Die Vierziger- und Fünfzigerjahrgänge sucht man im Wasserbau nahezu vergeblich. Jonkman: «Sie sind in die Informatik, Telekommunikation, ins Projektmanagement und zu den Banken abgewandert. Da war mehr zu holen.»[39] Wenn Ingenieure früher noch von Brücken und Dämmen träumten, entwerfen sie heute komplizierte Finanzprodukte oder Algorithmen für Internetwerbung.

Aber das Blatt scheint sich zu wenden. Jonkman steht für eine neue Generation von Ingenieuren, die wieder die Ärmel hochkrempeln und anpacken. «Wenn ich mich heute unter meinen Studenten umschaue, weiß ich, dass die meisten von ihnen in diesem Bereich bleiben werden.»

Es fällt schwer, sich von Jonkmans Flut an Ideen und Plänen nicht anstecken zu lassen. Der Delfter Professor betont, dass vieles möglich sei, selbst wenn der Meeresspiegel um mehr als zwei Meter steigt. In den Niederlanden könnten wir selbst in die Offensive gehen. Ein paar Inseln aufschütten, um die Wellen zu brechen. Diese Inseln mit Windrädern vollstellen, den Flughafen Schiphol ins Meer verlegen. Steigt der Wasserspiegel dann noch weiter, könnten wir die Inseln zu einem großen Ringdeich verbinden, wodurch ein Binnenmeer vor der Küste von Scheveningen entstehen würde.[40]

Zugegeben, die Folgen eines solchen Plans wären für die Meereslebewesen nicht so leicht wegzustecken. (Unter Ökologen kursiert das geflügelte Wort, dass die Niederlande zwei Umweltkatastrophen hinter sich haben: den Abschlussdeich und die Deltawerke.) Aber Jonkman lässt sich von solcher Kritik nicht aus dem Feld schlagen. Die Natur sei dynamisch und könne sich erholen. «Ich bin es gewohnt, in Lösungen zu denken, nicht in Problemen.»

Ganz anders denken Ökologen wie Michael Kleyer in Deutschland. Er ist kein Freund von Großtechnologien, glaubt aber trotzdem daran, dass die Küsten noch zu retten sind. Der Oldenburger Professor ist, so wie viele Klimawissenschaftler und Meeresforscher heute, so etwas wie der ökologische van Veen unserer Zeit: Seit Jahren macht er sich Gedanken darum, wie wir die Küste an die Herausforderungen des Klimawandels und des Meeresspiegelanstieges anpassen können. Die Küste als Siedlungsraum und Wirtschaftsfaktor gehe ganz Deutschland an, und ihr Schutz bedürfe eines Aktionsplans für die nächsten 100 Jahre.

Er hat seit Jahren Erfahrungen mit Deichrichtern, Entwässerungsverbänden und Behörden des Küstenschutzes. «Ich erlebe auch durchaus eine große Verantwortung und Besorgnis, aber für viele Leute ist der Meeresspiegelanstieg etwas, was in ferner Zukunft liegt», so Kleyer.

Den Frust eines Johan von Veen kann Kleyer verstehen. «Zwar kümmert sich heute ein ganzer Stab von Experten um den Schutz der Küste, aber manche sind in Denkmustern gefangen, die uns irgendwann vielleicht teuer zu stehen kommen könnten», glaubt er. Denn auch eine Technikverliebtheit könne in Katastrophen führen – wenn man natürliche Lösungen beiseiteschiebt.

Kleyer sagt etwas, das alle Fans großtechnischer Lösungen etwas ratlos zurücklässt: Selbst wenn wir die Deiche an der Küste immer höher bauen: Es gibt eine natürliche Grenze, und selbst doppelt so hohe Deichlinien schützen uns am Ende nicht vor dem Wasser. Allein die Erhöhung eines Deichkilometers kostet bis zu vier Millionen Euro. Eines Kilometers! Und Niedersachsen hat circa 700 Kilometer Deichlinie.

Das, was die Behörden und Küstenschützer heute nicht hören wollen, ist längerfristig vielleicht schmerzhaft – aber laut Kleyer die einzig nachhaltige Lösung: «Wir dürfen das Meer nicht nur aussperren, sondern müssen ihm Raum geben.» Anpassung an den Klimawandel heiße auch, wieder mit und nicht gegen die Natur zu denken.

Salzwiesen beispielsweise. Sie sind ein uralter Küstenschützer der Nordsee, lange bevor ein Mensch je einen Deich baute. In tropischen Gefilden kommen diese artenreichen Zonen auch als Mangrovenwälder vor. Das Biotop ist ein Zwitter aus mariner Welt und Landleben und der natürliche Übergang zwischen Land und Meer. Auf einer Salzwiese leben wie im Mangrovenwald ökologisch hoch spezialisierte Pflanzen- und Tierarten, die zum großen Teil nur dort vorkommen.

Durch die tägliche Flut spült das Meer wertvolle Sedimente auf die Wiese und erhöht sie gleichzeitig.

Zwar könnten viele Salzwiesen trotz der täglichen Sedimentzufuhr den Meeresspiegelanstieg erstmal bis rund einem Meter aushalten, meint der Naturschützer Kleyer. Aber längerfristig könnten sie «ertrinken», weil die Deiche verhindern, dass sie mit dem Meeresspiegelanstieg landeinwärts wandern. Trotzdem sollte man sich die natürlichen Küstenschützer auch perspektivisch zu eigen machen, indem man die Salzwiesen als Überschwemmungsgebiete hinter dem Deich anlegt.

Doch das Problem ist auch hier die Flächenkonkurrenz: Ähnlich wie bei den Auenlandschaften an Flüssen haben die Gemeinden vielerorts potenzielle Überschwemmungsflächen zu Bauland gemacht – eine riskante und gefährliche Entscheidung in Zeiten des Klimawandels. Dagegen stehen mächtige Interessen von Landwirten, Tourismusmanagern oder Bauunternehmen.

«Technische Lösungen allein können aber Katastrophen nicht immer verhindern. Das zeigt auch die Geschichte», meinen die Technikhistoriker Heßler und Kehrt.

Gesellschaften könnten aber lernen, mit dem Hochwasser zu leben und sich der Natur anzupassen. «Wir sollten uns fragen, ob es einer massiv wehrhaften Schutzarchitektur und gigantischer Sperrwerke bedarf oder wir nicht auch neue Formen des Umgangs mit der Natur und der Architektur ausprobieren sollten.» In Deutschland gehe es darum, mit der Flut und dem Wasser zu planen, etwa neue schwimmende Häuser oder Pfahlbauweisen zu erfinden oder gefährdete Landschaften langfristig ganz dem Wasser und sich selbst zu überlassen.

Im Küstenschutz gibt es dafür ein unheilschwangeres Wort: *managed retreat*, ein geordneter Rückzug. Das bedeutet, hier muss der Mensch dem Meer weichen, die Küstenlinie ist nicht mehr zu halten, das Leben an Land nicht mehr sicher. Für die Tourismusindustrie und Bauwirtschaft ist *managed retreat* ein Gespenst der Zukunft, eine Art letzte Option und Worst-Case-Szenario. Für viele Naturschützer ist es eine Chance, wie Mensch und Meer auch künftig zusammenleben können.

Ein altes Beispiel sind die nordfriesischen Halligen, auch Marschinseln genannt, die nach den zerstörerischen Sturmfluten des Mittelalters von der damaligen Küste übrig geblieben sind. Hier leben die Bewohner in ihren Häusern auf kleinen Warften. Diese Erdhügel sind über Jahrhunderte von den Menschen angelegt worden und so hoch, dass die Häuser vor Sturmfluten geschützt sind. Die niedrig gelegenen Salzweiden der Halligen werden dagegen regelmäßig bei Sturmfluten überschwemmt. Während dieser «Landunter» lagert die Nordsee kalk- und phosphorreiche Sedimente ab. Das düngt und erhöht die Landoberfläche und wirkt so dem Untergang entgegen. Je nach Geschwindigkeit und Höhe des Meeresspiegelanstieges wachsen die Halligen durch den Sedimentauftrag bei Sturmfluten mit dem Meeresspiegelanstieg mit. Von Deichen eingerahmte Küsten hätten diese Möglichkeit nicht, denn die Deiche verhindern die Überflutung und damit den Sedimentauftrag. Ökologen wie Kleyer meinen deshalb, dass die Halligen als Beispiel dafür dienen könnten, wie die Menschen mit der Flut leben können, nicht gegen die Flut.

Trotz dieser Fähigkeit, natürlich zu wachsen, sind die Halligen in Gefahr, vor allem, wenn der Meeresspiegel schnell und besonders stark ansteigt. Noch schlimmer trifft es die Ostfriesischen Inseln, deren Untergrund aus Sand besteht. Sie liegen ungeschützt gegen jede

Sturmflut vor der Nordseeküste und ragen nur wenig über den Meeresspiegel hinaus. Viele dieser Inseln haben Schutzdünen aus Sand, auf denen sogar teilweise Häuser stehen. Bei einem Meeresspiegelanstieg ab einem Meter und einer Zunahme von Sturmfluten sind sie stark gefährdet, Hotels und Ferienhäuser erste Opfer der Fluten. Aus diesem Grund verklagte eine Familie von der Nordseeinsel Langeoog die Europäische Union auf schärfere Klimaziele – und scheiterte 2021 am Europäischen Gerichtshof.[41]

Was manche Bewohner schon heute nicht mehr schlafen lässt, ist dem Immobilienmarkt offenbar komplett egal: Ein Grundstück auf Langeoog in der Nähe zum Strand kostet spektakuläre 7200 Euro pro Quadratmeter. Eine geeignete Versicherung, die künftige Schäden mit abdeckt, bietet allerdings niemand mehr an.

*

Inzwischen ist eine Sache glasklar. So weit ihre Ansichten auch auseinandergehen, in einem sind sich Ökologen und Ingenieure einig. Es gilt, koste es, was es wolle, zu verhindern, dass wir es überhaupt mit einem Meeresspiegelanstieg von mehr als zwei Metern zu tun bekommen. Dazu müssen wir weltweit die Treibhausgasemissionen so schnell wie möglich auf null senken. Gleichzeitig müssen wir den Küstenschutz neu denken und alle Optionen offenhalten – vom *managed retreat* über Pfahlbauten und Salzwiesen bis hin zu höheren Deichen. Und ganz egal, welche Konzepte sich durchsetzen, es muss gehandelt werden, an allen Fronten. Und zwar jetzt. Nicht erst nach der nächsten Katastrophe. Die neuen Deltawerke in den Niederlanden werden über Dämme und Deiche, Brücken und Inseln hinausgehen müssen. Ein moderner Deltaplan wird Sonnenkollektoren und Windräder, Hochgeschwindigkeitszüge und Megabatterien mit einschließen.

Diese Einsicht scheint endlich auch bis nach Berlin und Den Haag vorgedrungen zu sein, wenn die Beschlüsse der Regierungen auch längst nicht ausreichen. So beschloss die deutsche Regierung ihr Klimagesetz im Dezember 2019, seit 2020 gibt es einen CO_2-Preis, der langsam steigen soll. Ein erster Meilenstein auf dem Weg zu ernsthaftem Klimaschutz. Deutschland will bis 2030 immerhin auf 55 Prozent weniger kommen und bis 2050 treibhausgasneutral werden. Und damit nicht genug: Nach einem Urteil des Bundesverfassungsgerichts von 2021 muss die Bundesregierung ihre Klimaziele nachbessern und die Minderung der Treibhausgasemissionen besser regeln.

In den Niederlanden verabschiedete die erste Kammer des Parlaments am 28. Mai 2019 ein Klimagesetz. Die Niederlande haben damit beschlossen, im Jahr 2030 neunundvierzig Prozent weniger Treibhausgase als 1990 auszustoßen. Und mindestens fünfundneunzig Prozent weniger bis 2050.

Ist das viel? Ist das schnell?

Lassen Sie mich konkreter werden.

Die Niederlande müssen acht Millionen Gebäude vom Erdgas abkoppeln, neun Millionen Autos durch Modelle ersetzen, die mit Strom oder Wasserstoff fahren, die Kapazität des Stromnetzes mindestens verdreifachen, ein Viertel der Nordsee mit Windrädern bebauen, fünfundsiebzig Millionen Sonnenkollektoren installieren, 100 000 Hektar Wald pflanzen, und selbst unter diesen Voraussetzungen wird das Land auf zig Technologien angewiesen sein, die noch gar nicht erfunden sind.[42]

Es wird der größte Umbau des Landes werden – aller Zeiten.

Derweil wird im Land der Krämerseelen noch über die Kosten dieser Revolution debattiert. Da schreit ein Politiker, es könnte auf tausend Milliarden Euro hinauslaufen. Journalisten überprüfen die Zahl und kommen auf den niedrigeren Betrag von fünfhundert bis siebenhundert Milliarden Euro.[43] Aber täuschen Sie sich nicht: Allein das ist Wahnsinn. Wir sprechen hier von siebzig bis hundert Prozent des Bruttoinlandsprodukts.

Fünfmal so viel wie für die Deltawerke. Und in Deutschland liegen die Kosten ungefähr dreimal so hoch. Damit die Klimaziele in Deutschland wirklich erreicht werden, müsste allein die Windkraft an Land um rund acht Gigawatt pro Jahr zulegen, rechnet das Fraunhofer-Institut vor.[44] 2020 lag der Zuwachs nur bei 1,4 Gigawatt. Auch Solaranlagen auf deutschen Dächern müssen Normalität werden, genauso wie der Austausch von alten Heizkesseln und Ölheizungen, dazu Privilegien für Elektroautos in deutschen Innenstädten. Was fehlt, ist ein klares Bekenntnis zu klimafreundlichen Alternativen und eine beherzte Absage an fossile Energien und deren Sanktionierung. Wer klimafreundlich umbaut, fährt, isst und lebt, müsste erkennbare Vorteile haben.

Natürlich werden viele Technologien günstiger, wenn sie in großem Maßstab eingesetzt werden. Natürlich lassen sich die Kosten über dreißig Jahre strecken, was bedeutet, dass die jährlich anfallenden Kosten, die auf die Niederlande und Deutschland zukommen, weit geringer ausfallen. «Nur» drei Prozent des BIP würden sie in den Niederlanden betragen (genauso viel, wie das gesamte Land derzeit für Urlaubsreisen hinblättert).[45]

Und dennoch. Wenn die Leute sagen: «Diese Energiewende wird sauteuer werden», haben sie damit vollkommen recht. Natürlich wird es sauteuer. Was haben wir uns denn gedacht? Seit Mitte des letzten

Jahrhunderts haben wir nicht mehr vor einer solchen Herausforderung gestanden. Also: Alle Mann an Deck!

*

Unter den holländischen Deichvorstehern kursiert ein altes Sprichwort: «Gib uns heute unser täglich Brot und ab und zu des Wassers Not.»

Und tatsächlich brauchte es immer erst eine Katastrophe, um die Menschen wachzurütteln. 1916 musste erst der ganze Norden der Niederlande überflutet werden, ehe mit dem Bau des Abschlussdeiches begonnen wurde. 1953 musste erst der Süden der Niederlande absaufen, bevor der Bau der Deltawerke in Angriff genommen wurde. Die Deutschen hörten die Warnrufe von 1953 nicht und lernten erst 1962 aus ihrem Leichtsinn.

Es muss also wieder erst etwas schiefgehen? Muss das Wasser erst unser Land verschlingen, damit wir alle endlich aufhören, uns über teure Wärmepumpen und hässliche Windräder aufzuregen? Werden wir erst dann begreifen, dass wir eine Revolution brauchen, dass wir die gesamte Wirtschaft umgestalten und in vielen anderen Bereichen mutig voranschreiten müssen?

Als Niederländer kann ich sagen: Wenn wir die Küsten bewahren wollen, müssen wir kämpfen. Gegen das Wasser und gegen uns selbst. Gegen unsere Apathie. Gegen unsere Sparsamkeit. Natürlich, einerseits sind wir Niederländer ein Volk von Nörglern und Jammerern, Quer- und Meckerköppen. Ein Volk, das willentlich die Augen vor der Wahrheit verschließt, auch wenn sie uns jahrelang unter die Nase gerieben wird. (In der Zeitschrift *Elsevier*, in der Johan van Veen 1952 als «Panikmacher» bezeichnet wurde, ist heute die Rede von «der Panikmache des Klimawandels».[46])

Aber wir können über uns selbst hinauswachsen. Wir alle können das. Nicht, weil wir uns nach einem Podest, einem Denkmal oder dem Beifall unserer Nachkommen sehnen – den sollten wir uns so und so abschminken. In den Niederlanden kann man sich ja schon glücklich schätzen, wenn einem jemand ein potthässliches Denkmal gegenüber einem Supermarkt hinstellt.

Nein, wir Niederländer können es, weil wir ein Land von Poldermenschen sind. Weil wir Wasser in Land verwandeln. Weil Gott zwar die Welt geschaffen hat, wir aber die Niederlande. Und wir alle zusammen können es, weil unsere Zukunft, auch jetzt, in unseren Händen liegt.

Rutger Bregman,
Januar 2020, Houten
(derzeit noch zwei Meter über N. N.)

Nachwort

Kaum hatte ich den Stift für die Erweiterung des Textes von Rutger Bregman beiseitegelegt, da passierte es. Das Wasser kam. Noch hatte ich den Satz von Michael Kleyer aus Oldenburg im Ohr: «Natürlich gibt es unwahrscheinliche Konstellationen. [...] Aber wir wissen, dass diese Extremwetter durch den Klimawandel zunehmen. Wir können das ernst nehmen – oder wie bei den großen Fluten Mitte des Jahrhunderts hoffen, dass alles nicht so schlimm kommt.»

Es war unheimlich, fast surreal, dass dieser Essay so schnell von den Ereignissen überholt wurde. Erftstadt, Schuld, Altenahr – diese überschwemmten Orte in Westdeutschland haben im Juli 2021 die so «unwahrscheinlichen» Konstellationen erfahren. Die ganze Republik konnte tagelang verfolgen, dass die angebliche Sicherheit, in der wir uns in Deutschland wiegen, nur ein schöner Schein ist. Als die braunen Wassermassen zwischen den Fachwerkhäusern brausten, Menschen auf den Dächern auf die Helikopter warteten und Einwohner nach ihren Angehörigen suchten, wurde diese Illusion begraben. Das Unwahrscheinliche wurde wahr, aus Sicherheit wurde Angst, aus Schwarzmalern wurden plötzlich Propheten.

All das, was dieser Text beschreibt, wurde uns in

den vergangenen Monaten wie durch einen Spiegel vorgehalten. Doch nach fast 200 Toten, Tausenden zerstörten Existenzen und apokalyptischen Szenen aus den Flutgebieten dankt niemand den Propheten, die es ja schon wussten. Keiner vergibt Orden dafür, dass man recht hatte. Und wer wollte sie auch haben?

Wenn man ein Buch über Kassandras wie Johan van Veen schreibt, dann versteht man: Der Schmerz darüber, es gewusst, aber nicht verhindert zu haben, ist vielleicht der größte. Auch das bringt die heutigen Kassandras der Klimaforschung dazu, immer lauter die Alarmglocken zu schlagen. Doch auch sie werden als «Aktivisten» diskreditiert und als Ideologen abgestempelt. Wissenschaftler lebten im Elfenbeinturm, seien realitätsfern und naiv – und vielleicht auch ein bisschen überdreht, heißt es. Doch Hochwasserkatastrophen wie in Westdeutschland lehren uns, dass das Gegenteil der Fall ist. Die Realitätsfremden, das sind die anderen.

Braucht es also Katastrophen, müssen erst Menschen sterben, damit wir merken, in welcher falschen Sicherheit wir uns wiegen? Auf diesen Zynismus sollte man sich nicht einlassen, auch wenn die Antwort so nahe liegt. Dennoch: Es dämmert jetzt vielen Politikern und Bürgern, dass es in der Klimakrise um Leib und Leben geht und Deutschland kein so sicheres Land ist, wie es viele geglaubt haben. Die apokalyptischen Bilder kamen bislang immer nur aus Bangladesch, Honduras oder vielleicht auch mal aus Kalifornien. Jetzt trifft auch auf Deutschland zu, was der Gouverneur von Washington, Jay Inslee, angesichts der 2021er Rekordhitze in seinem Bundesstaat sagte: «Was wir dic vergangenen Tage gesehen haben, war die offizielle Eröffnung der Klimakatastrophe.» Und er fügte hinzu: «Und es kann jeden treffen.»

Einen ersten Klima-Schreck erlebte Deutschland bereits 2018, als eine verheerende Dürre und Rekordhitze für dramatische Ernteeinbrüche sorgten. Auch die Sommer danach gab es kein Durchatmen, und schließlich begann das große Waldsterben. Alle Statistiken von Hitzetagen können nicht so erschrecken wie die kahlen Fichten im Harz und brennenden Kiefernwälder in Brandenburg. Auch zählte kaum jemand die Zunahme der Übersterblichkeit von alten und kranken Menschen bei Temperaturen von über 30 Grad.

Nach den rund 200 Toten der Überschwemmungen in diesem Jahr diskutiert die Republik erst jetzt ernsthaft über Anpassung: Die Klimakrise ist zweifellos da, doch geschützt sind wir nicht. Selbst konservative Politiker ahnen: Wer jetzt nicht handelt, könnte irgendwann wirklich den Wählerzorn zu spüren bekommen.

Für eine echte Krisenvorsorge müsste die Politik aber weit vorausdenken. Dieses langfristige Denken fehlt in Politik und Wirtschaft. In Fachkreisen nutzt man dafür den Begriff der Resilienz. Viele kennen die Resilienz aus der Psychologie, wenn es beispielsweise darum geht, stressresilient zu werden.

Auch im gesellschaftlichen Sinne geht es darum, Reaktionsmuster aufzubauen, die im Krisenfall greifen und den Schaden abmildern. Bei Umwelt- und Gesundheitskrisen bedeutet das, Menschen vor Existenzängsten, Krankheit und dem sozialen Abstieg zu bewahren. Das geht nicht von heute auf morgen. Man kann keine Pille im Voraus schlucken und hoffen, dass man keine Kopfschmerzen bekommt. Der Aufbau einer Widerstandskraft kostet Zeit, Geduld, Geld und bringt keine schnellen, sichtbaren Erfolge.

Manche Maßnahmen können sogar ökonomisch erst mal weh tun. Gerade bei Hochwasser und Überschwemmungen sind die Klimakrise und die Zunahme von Starkregenereignissen nur ein Faktor unter vielen. Ökologischer Leichtsinn wie das Zubetonieren von Sickerflächen oder das Ausweisen ehemaliger Auenlandschaften als Bauland brachte einigen Kommunen vielleicht kurzfristige Einnahmen, verschlimmerte aber die Folgen des Hochwassers. Bei der Resilienz in der Klimakrise geht es nicht um ein Gegen, sondern ein Mit der Natur. Wir können nicht alles zubetonieren und dann die Dämme und Deiche einfach immer höher bauen. Wir müssen der Natur auch Platz zurückgeben.

Resilienz bedeutet nicht, dass die Menschheit sich in einem Bunker versteckt, während draußen die Tornados und Überschwemmungen wüten.

Resilienz bedeutet: Die Städte und Ortschaften müssen ergrünen, der graue Beton muss rückgebaut, die Dächer bepflanzt werden. Es müssen dringend Flutmulden, Regenrückhaltebecken und Polder her, und viele Häuser in den von den 2021er Überschwemmungen betroffenen Regionen können nicht wieder dort aufgebaut werden, wo sie einmal standen. Es ist ein Rückzug und gleichzeitig ein riesiger Schritt nach vorn: Denn auch vor der Klimakrise waren unsere Bauweise und Infrastruktur nicht gesund: weder für die Umwelt noch für uns. Der Wandel heißt deshalb Verbesserung.

Nur weil die Katastrophe noch nicht da ist, heißt es nicht, dass sie nicht passiert. Das Denken bis zur nächsten Wahl oder zum nächsten Dorffest muss aufhören. Wer das Gemeinwohl im Auge hat, muss vorsorgen. Doch dafür müssten Politiker lernen, auf Menschen wie Johan van Veen zu hören, anstatt sie zu verlachen.

Zu hoffen ist, dass aus dem Aufschrei und der Anteilnahme nach der Katastrophe ein Umdenken erwächst. Und dass den bewegten Worten der Spitzenpolitiker, die in den Flutgebieten vor die Kamera traten, auch Taten folgen. Das ist keinesfalls sicher. Denn dieser Essay beschreibt nicht nur die Unbedarftheit und

Naivität vieler Politiker im Umgang mit längerfristigen Risiken – sondern auch ihre Katastrophenvergessenheit.

Berlin, 30. Juli 2021, Susanne Götze

Quellen und Anmerkungen

Ich hätte diesen Artikel nicht ohne die großartige Biographie von Johan van Veen schreiben können, die der Historiker Willem van der Ham vorgelegt hat: *Meester van de zee* (2003).

1 Meine wichtigste Quelle zum Geschehen bei Nieuwerkerk ist der Bericht, den der Schielander Vorstand des öffentlich-rechtlichen Wasser- und Bodenverbandes im Januar 1993 durch das Büro Mijs + Van der Wal anfertigen ließ: *Een dubbeltje op zijn kant.*

2 Zitiert nach: «*Arie Evegroen's [sic] schuit stuitte kolkend water*», in: Algemeen Dagblad (11. Oktober 1983).

3 Willem van der Ham u. a., *Modern wereldwonder. Geschiedenis an de Deltawerken*, Boom uitgevers (2018), S. 23.

4 Zitiert nach: Derk Walters, «*Het had nog veel erger kunnen zijn*», in: De Groene Amsterdammer (1. Februar 2003).

5 Willem van der Ham, *Meester van de zee*, Uitgeverij Balans (2003), S. 188 f.

6 Zitiert nach: Ebenda, S. 187.

7 In alphabetischer Reihenfolge: Jeroen Aerts, Michiel van den Broeke, Kim Cohen, Marjolijn Haasnoot, Bas Jonkman, Maarten Kleinhans und Roderik van de Wal. Wenn nicht anders angegeben, stammen die Zitate aus meinen Interviews mit diesen Wissenschaftlern. Aus dem Gespräch mit Prof. Aerts zitiere ich nicht, dennoch hat er einige wichtige Hintergrundinformationen über die Schritte beigesteuert, die die Niederlande ergreifen können, sollte der Anstieg des Meeresspiegels wirklich außer Kontrolle geraten. Für die deutsche Ausgabe sprach Susanne mit Martina Heßler, Christian Kehrt und Michael Kleyer.

8 *Klimaat in de 21e eeuw, vier scenario's voor Nederland,* KNMI (Mai 2006), S. 11.

9 Marjolijn Haasnoot u. a., *Mogelijke gevolgen van versnelde zeespiegelstijging voor het Deltaprogramma. Een verkenning,* Deltares (18. September 2018).

10 IPCC-Sonderbericht über den Ozean und die Kryosphäre (SROCC) (Oktober 2019); Susanne Götze, «Land unter», in: DER SPIEGEL (25. September 2019), abrufbar unter: https://www.spiegel.de/wissenschaft/natur/sonderbericht-des-weltklimarats-land-unter-a-1288496.html (abgerufen am 14. April 2021).

11 A. Shepherd u. a., «*Mass balance of the Antarctic Ice Sheet from 1992 to 2017*», in: Nature (13. Juni 2018).

12 IPCC-Sonderbericht über den Ozean und die Kryosphäre (SROCC) (Oktober 2019).

13 Gilbert, Kittel, *Surface melt and runoff on Antarctic ice shelves at 1.5 °C, 2 °C and 4 °C of future warming,* in: Geophysical Research Letter (08. April 2021).

14 Kim Cohen zeichnete diese Karte auf Bitten der Zeitschrift *Vrij Nederland.* Siehe auch: Rolf Schuttenhelm, «*De zeespiegelstijging is een groter probleem dan we denken. En Nederland heeft geen plan B*», in: Vrij Nederland (9. Februar 2019).

15 Zitiert nach: Willem van der Ham, *Meester van de zee* (2003), S. 211.

16 Ebenda, S. 85.

17 Ebenda, S. 129.

18 Ebenda, S. 172.

19 Ebenda, S. 173.

20 Ebenda, S. 160 f.

21 Ebenda, S. 172.

22 Bert Toussaint (Hrsg.) u. a., *Modern wereldwonder. Geschiedenis van de Deltawerken* (2018), S. 24.

23 Ebenda, S. 26.

24 Inzwischen sind es nur noch 19. Die Oude Molen in Nieuw-Lekkerland ist 1945 eingestürzt und wurde 1957 abgerissen, heute sind nur noch die Fundamente zu sehen.

25 Ebenda, S. 189.

26 Leo van der Geest, Mark Berkhof und Max Meijer, *Het hoofd boven water. Tweehonderd jaar investeren in waterwerken,* Nyfer (Juli 2008).

27 Das Oosterschelde-Sperrwerk wurde mit Groninger Erdgaseinnahmen finanziert. Nicht nur der Vater des Projekts, auch das Geld für die Deltawerke stammt also aus Groningen.

28 Zitiert nach: James Kennedy, *Nieuw Babylon in aanbouw. Nederland in de jaren zestig.* Boom uitgevers (1995), S. 11.

29 Herman Pleij, *Moet nog steeds kunnen. Op zoek naar een Nederlandse identiteit.* Prometheus (2017), S. 51.

30 Stadt unter, DER SPIEGEL (27. Februar 1962).

31 Helmut Schmidt und die Hamburger Sturmflut 1962, Originalaufzeichnung Spirit of Hamburg 4.

32 Alexander Schuller, Sturmflut über Hamburg. Die Nacht, in der eine Stadt ertrank, Edition Hamburger Abendblatt (2012), S. 201.

33 *Mogelijke gevolgen van versnelde zeespiegelstijging voor het Deltaprogramma,* Deltares, im Auftrag des Ministerie van Infrastructuur & Water (18. September 2018).

34 GEOMAR, Meeresspiegelanstieg: Mehr Daten aus den Ozeanen nötig, abrufbar unter: https://www.geomar.de/news/article/meeresspiegelanstieg-mehr-daten-aus-den-ozeanen-noetig (abgerufen am 15.5.2021), Broschüre «Zukunft der Meeresspiegel», Deutsches Klima-Konsortium (2019).

35 *Kleine kansen, grote gevolgen,* Planbureau voor de Leefomgeving (26. Mai 2014).

36 Ostfriesland: Im Kampf gegen die Wassermassen, in: Deutschlandfunk Kultur (27. Juli 2020).

37 Die Wissenschaftler von *Climate Action Tracker* verfolgen, was verschiedene Länder tun, um ihre Treibhausgasemissionen zu reduzieren, und ob dies ausreicht, die globale Erwärmung um zwei Grad zu verhindern. Leider tut kaum ein Land genug, auch nicht die Niederlande. Siehe auch: climateactiontracker.org.

38 Zitiert nach: Rolf Schuttenhelm, *Dit is wat er gebeurt met Nederland als de zee meer dan 2 meter stijgt*, in: Vice (22. Mai 2019).

39 Zitiert nach: Arjan Veering, *«We moeten terug naar de inhoud»*, in: *WaterForum* (Januar 2013).

40 Für diesen Plan bräuchten wir extrem viel Sand. Für drei Küsteninseln von der Größe von halb Texel sprechen wir bereits von 110-mal so viel Sand, wie für die Maasvlakte 2 benötigt wurde. Siehe auch: *Strategieën voor adaptatie aan hoge en versnelde zeespiegelstijging. Een verkenning,* Deltares (September 2019).

41 Das Recht auf Klimaschutz: Aufstand auf der Insel – eine Familie verklagt die EU, in: biohotel-standeck.de (02. April 2021).

42 Das sind keine genauen Zahlen, sondern Schätzungen von Statistikern und Experten. Sie geben eine Vorstellung von der Größenordnung. Quellen: *De 11 megagetallen achter de operatie Nederland van het gas af,* in: *Forum* (6. April 2017); *Energietransitie vereist langetermijnstrategie Noordzee,* in: PBL (31. Januar 2018); Bert van Dijk und Carel Grol, *Wat staat er in het Klimaatakkoord?,* in: Het Financieele Dagblad (10. Juli 2018); Gerald Schut, *Energie-eilanden voor systeemintegratie,* in: Technisch Weekblad (22. Oktober 2019); Arjen Schreuder, *Plan: 100.000 hectare bos aanplanten langs snelweg,* in: *NRC Handelsblad* (9. Januar 2018); David Roberts, *This climate problem is bigger than cars and much harder to solve,* unter: *Vox.com* (10. Oktober 2019).

43 Thomas Borst und Maarten Keulemans, *Gaat het klimaatbeleid*

Nederland écht 1.000 miljard euro kosten?, in: *de Volkskrant* (14. Februar 2019).

44 «Wege zu einem klimaneutralen Energiesystem», Fraunhofer-Institut, 2019/2020, https://www.ise.fraunhofer.de/content/dam/ise/de/documents/publications/studies/Fraunhofer-ISE-Studie-Wege-zu-einem-klimaneutralen-Energiesystem-Update-Zielverschaerfung.pdf (abgerufen am15. April 2021)

45 *Hoeveel geven Nederlanders uit aan vakanties?*, abrufbar unter: https://www.cbs.nl

46 Simon Rozendaal, *Welkom in de paniekfabriek van klimaatverandering*, in: *Elsevier* (9. Januar 2019).